Arthur Rostron

Der Untergang der Titanic

Deutsch von Nadine Erler

5. Kapitel aus *Home from the Sea* (1931), den Memoiren von Arthur Rostron (1869 – 1940). Die Übersetzung erschien erstmals in: *Oceanum. Das Jahrbuch der Schifffahrt.* Ausgabe 8, S. 110 – 125. Oceanum Verlag, Bremen 2023. Die Veröffentlichung bei Books on Demand erfolgt mit freundlicher Genehmigung des Verlegers.

Der Untergang der Titanic

Von den tausend Bildern aus der tragischen Nacht, in der die *Titanic* unterging, kommt mir als erstes das eines Mannes in den Sinn, der sich bückt, um seine Stiefel aufzuschnüren! Es war der Marconi-Funker an Bord der *Carpathia*. Wäre dieser Offizier nicht so eifrig bei der Arbeit gewesen und hätte pünktlich Feierabend gemacht, stünden viele der ungefähr siebenhundert Leben, die wir in jener Nacht retten konnten, auf der furchtbaren Liste der Todesopfer, die das Unglück als das schlimmste in der Geschichte der Seefahrt ausweist. In jenen Tagen war drahtlose Telegrafie auf See etwas ganz Neues. Wir waren stolz auf unsere Anlage, obwohl sie nur eine Reichweite von normalerweise 130 Meilen (und unter besonders günstigen Umständen etwas über 200 Meilen) hatte. Und wir hatten nur einen Funker. Dieser Mann hätte seinen Dienst um Mitternacht beenden sollen. Aber es war schon halb eins, und er lauschte immer noch. Allerdings war er im Begriff, Feierabend zu machen. Er bückte sich gerade, um seine Stiefel aufzuschnüren, als der Notruf kam – aus Interesse hatte er die Kopfhörer noch aufbehalten. „SOS Titanic. Sind mit Eisberg kollidiert und brauchen sofort Hilfe." Man kann sich vorstellen, wie er hochfuhr und das Entsetzen ihn überkam, auch wenn sich in diesen ersten Minuten keiner von uns das schreckliche Unglück ausmalen wollte, als das es sich erweisen würde.

Aber es war die *Titanic*, ein Mammutschiff, stolz auf seine Größe und Kraft, mit über zweitausend Menschen an Bord und auf ihrer Jungfernfahrt von England nach Amerika! Das reichte, um dem Funker das Ausmaß der Gefahr klarzumachen, und er warf die Kopfhörer auf den Tisch und rannte zum Ersten Offizier, der Dienst hatte. Es ist ein dramatischer Gedanke, daß wir das Signal nicht gehört hätten, wenn es zwei oder drei Minuten später gekommen wäre!

Ich wurde sofort informiert. Seltsam, wie sich in kritischen Augenblicken unbedeutende Kleinigkeiten ins Gedächtnis einprägen. Ich erinnere mich, daß meine Tür aufging – die Tür neben dem Kopfende meiner Koje, gleich neben dem Raum für Seekarten. Ich war gerade erst hereingekommen, schlief noch nicht ganz und murmelte benommen vor mich hin: „Wer zum Kuckuck ist dieser Frechdachs, der in meine Kabine kommt, ohne anzuklopfen?"

Dann sprudelte der Erste Offizier heraus, was passiert war, und Sie können sicher sein, daß ich sehr bald hellwach war und nur noch einen Gedanken hatte – alles zu tun, was in der Macht des Schiffes stand, um die erforderliche Hilfe zu leisten. Die Nachricht klang so unglaublich, daß ich, nachdem ich angeordnet hatte, den Kurs zu ändern – wir wollten von New York nach Gibraltar und zu anderen Häfen im Mittelmeer, während die *Titanic* nach Westen fuhr, sechzig Meilen nördlich von uns –, den Marconi-Funker fragte und mich versicherte, daß kein Irrtum vorlag.

„Sind Sie sicher, daß es wirklich die *Titanic* ist, die sofortige Hilfe braucht?" fragte ich ihn.

„Ja, Sir."

Aber ich mußte noch einmal fragen. „Sie sind absolut sicher?" Bedenken Sie bitte, die drahtlose Kommunikation war damals noch nicht so zuverlässig wie heute.

„Ganz sicher", erwiderte er.

„Gut", sagte ich. „Sagen Sie ihm, daß wir kommen, so schnell wir können."

Ich ging in den Kartenraum, nachdem ich vom Funker die Position der Titanic erfahren hatte: N 41°43', W 49°56'. Ich informierte mich sofort über den Kurs und gab Anweisungen. Nur ein paar Minuten nach dem Notruf fuhren wir mit Volldampf zur Rettung. Die *Carpathia* war ein Vierzehn-Knoten-Schiff, aber in dieser Nacht brachte sie es auf siebzehn Knoten. Natürlich weckte ich zuerst den ersten Maschinisten, erklärte ihm die Dringlichkeit der Lage und beorderte einen Extrawachposten in den Maschinenraum. Wir holten alle Energie aus den Kesseln und jedes Tröpfchen Dampf wurde für die Maschinen verwendet und allen anderen Nutzungen entzogen, zum Beispiel dem Heizen.

Glücklicherweise war es Nacht – glücklicherweise deshalb, weil all unsere Passagiere in ihren Kabinen waren. Viele verschliefen das ganze Drama, denn eine meiner ersten Anordnungen war, daß nach Möglichkeit absolutes Stillschweigen gewahrt werden sollte. Wer Passagieren begegnete, sollte ihnen auftragen, in ihre Kabinen zu gehen und dort zu bleiben.

Es war viel zu tun. Das ganze Personal wurde zusammengerufen, und dann begannen über drei Stunden rastloser Aktivität und endloser Angst. Denn auch wenn es ein Glück war, daß unsere Passagiere schliefen, machte die Dunkelheit das Risiko, das wir eingehen mußten, noch größer. Eis! Wir rasten durch die Finsternis den Eisbergen entgegen, ohne zu wissen, welche Gefahr uns drohte, und standen auf der

Brücke und hielten angespannt Ausschau. Ich war mir der Gefahr bewußt, in der mein eigenes Schiff und unsere Passagiere schwebten. Ich kann jetzt sagen, dass es in jenem Frühling unglaublich viel Eis gab. Auf der Route der *Titanic* sieht man natürlich dann und wann Eis, aber in dieser Nacht war es so außergewöhnlich, daß es allen als einzigartig im Gedächtnis blieb. Der Grund dafür war, daß zwei Jahre zuvor der Sommer im hohen Norden ungewöhnlich warm gewesen war. Inseln aus Eis hatten sich von ihrem Pol gelöst und trieben südwärts. Es dauerte zwei Jahre, bis diese riesigen Überbleibsel so weit in den Süden gelangten, und als der Tag anbrach, waren wir entgeistert – Eisberge und -schollen, soweit das Auge reichte. In diese Gefahrenzone jagten wir die *Carpathia* und schauten uns die Augen nach dem Eisberg aus. Einmal sah ich ganz in der Nähe ein gewaltiges Exemplar, das bis in den Himmel reichte – ich sah es, weil das Licht eines Sterns auf ihn fiel – ein kleiner Funken der Warnung, dem sei Dank wir sicher vorbeifuhren. Wenn nur so ein freundlicher Stern für den Wachmann der *Titanic* geblinkt hätte …Ah, es sollte nicht sein. Bevor ich das Kommando auf der Brücke übernehmen konnte, waren jedoch noch tausend Dinge zu erledigen. Wir fingen sofort an. Ich stand schon im Kartenraum und war dabei, die Position zu bestimmen, als ich den Bootsmannsmaat sah, der das Deck säubern wollte. Ich rief ihn zu mir, sagte ihm, daß er seine Routine-Aufgaben für heute vergessen und alle unsere Rettungsboote bereit machen sollte. Er sah mich fragend an.

„Ja, wirklich", versicherte ich ihm. „Wir müssen zu einem Schiff in Seenot."

Der erste Offizier, den ich zu mir rief, war der Maschinist. Es war höchste Eile geboten. Als er sich auf den Weg gemacht hatte – und sobald die Männer gehört hatten, daß sie gebraucht wurden und warum, gingen sie an die Arbeit, ohne sich die Zeit zum Anziehen zu nehmen, feine Kerle! – weckte ich den englischen Arzt, den Proviantmeister und den Chefsteward und erteilte ihnen folgende Anweisungen: Der englische Arzt blieb im Speisesaal der ersten Klasse, der italienische Arzt im Speisesaal der zweiten Klasse und der ungarische Arzt in dem der dritten Klasse. Alle sollten Stärkungsmittel und alles andere Nötige bereit halten.

Der Proviantmeister, sein Assistent und der Chefsteward sollten die Geretteten an den Gangways in Empfang nehmen, sie unterbringen und sich um sie kümmern. Sie sollten möglichst die Namen der Überlebenden notieren, damit sie telegrafiert werden konnten. Der Inspektor, die Stewards vom Zwischendeck und Bootsmänner beaufsichtigten unsere eigenen Passagiere, damit sie nicht in den Speisesaal der dritten Klasse und nicht an Deck gingen. Der Chefsteward sorgte dafür, daß Kaffee für unsere Männer und Suppe, Kaffee, Tee usw. für die Geretteten bereit standen. Decken lagen griffbereit in der Nähe der Gangways, in den Salons und Gemeinschaftsräumen. Alle freien Kojen auf dem Zwischendeck für die *Titanic*-Passagiere der dritten Klasse herrichten. Unsere eigenen Leute auf dem Zwischendeck sollten zusammen bleiben.

Allen wurde eingeschärft, daß strikte Disziplin und eisernes Schweigen gewahrt werden mußten. Ein Steward wurde an jeder Gangway postiert, falls daß unsere eigenen Passagiere etwas hören und Fragen stellen sollten. Solche Fragesteller wurden höflich, aber bestimmt aufgefordert, in ihre Kabinen zurückzugehen und dort zu bleiben. Hier kann ich die Erfahrung schildern, die Mr. und Mrs. Louis Ogden[i] gemacht haben, Freunde von mir, die in dieser Nacht an Bord waren. Sie bewohnten eine Kabine auf dem Zwischendeck, und es war zu erwarten, daß sie etwas hörten. Viele Passagiere erlebten natürlich das gleiche wie sie. Aber die große Mehrheit der Leute an Bord schlief während all dessen friedlich und ahnte nichts von unseren Anstrengungen – eine große Leistung der Crew.

Mr. Ogden erzählte mir später, daß seine Frau wach wurde und ihn weckte. „Was ist das für ein Lärm an Deck?" fragte sie.

„Mach dir keine Sorgen, schlaf weiter." Die typische Antwort eines Mannes an die besorgte Frau zu einer solchen Uhrzeit.

Aber wie andere Damen war sie nicht so einfach zum Schweigen zu bringen. „Mach die Tür auf und sieh nach, was los ist!"

Mr. Ogden folgte dem Befehl. Draußen stand ein Steward, und Mr. Ogden rief ihn zu sich. „Was hat dieser Lärm zu bedeuten?" fragte er.

„Nichts, Sir, wir arbeiten an den Booten."

„Wozu?" Mr. Ogden wurde neugierig.

„Das kann ich Ihnen nicht sagen, Sir."

Mr. Ogden zog sich zurück, und natürlich wuchs die Skepsis seiner Frau. Sie lauschte ein paar Minuten auf die Geräusche, die unvermeidlich waren, als unsere Boote hinuntergelassen wurden.

„Versuch es noch mal“, verlangte sie schließlich.

Mr. Ogden steckte wieder den Kopf aus der Tür, und diesmal traf er auf den Schiffsarzt. „Was ist los?“

„Nichts ist los. Gehen Sie bitte wieder in Ihre Kabine. Es ist die Anweisung des Kapitäns.“

Was die Zweifel nicht beschwichtigte. Mr. Ogden zog sich zurück und wiederholte das Gespräch für seine Frau. Sie zogen sich an und packten ihre Wertsachen zusammen.

Die Dame blieb hartnäckig. „Versuch es noch mal!“

Mr. Ogden öffnete noch einmal die Tür – und seltsamerweise sah er wieder in das Gesicht des Arztes. Dieser befahl ihm, unbedingt in der Kabine zu bleiben und die Anordnungen des Kapitäns abzuwarten.

Aber der Passagier ließ nicht locker und zuletzt sah der Arzt keinen Ausweg mehr und sagte: „Wir fahren zur *Titanic*. Sie ist in Seenot.“

„Aber *unser* Schiff ist nicht in Seenot?“

„Nein, Sir, es ist die *Titanic* – sie hat einen Eisberg gerammt.“

Doch dann sah Mr. Ogden die Stewards, die Kissen und Decken trugen, und schloß daraus, daß etwas nicht stimmte. Und irgendwie gelangten er und Mrs. Ogden an Deck. Dort fanden sie eine Nische und blieben stundenlang, bis sie bei den ersten Strahlen des Tageslichts das Eis und dann das erste Boot sahen. Derweil pflügten wir weiter durch die – sternenklare – Nacht. Ich begab mich auf die Brücke. Dort kam der Marconi-Funker zu mir und berichtete, daß er eine Nachricht von der *Titanic* an die *Olympic* mitbekommen habe, in der letztere gebeten wurde, alle ihre Boote bereit zu halten. Das Gefühl, daß eine Tragödie bevorstand, wuchs. Aber die *Olympic* war auf dem Weg nach Hause und Hunderte von Meilen entfernt, viel weiter als wir. Und die *Titanic* hatte auch nach *uns* gerufen. Sie fragten, wie lange wir brauchen würden. „Sagen Sie, etwa vier Stunden", trug ich dem Funker auf (wir schafften es in dreieinhalb Stunden), „und sagen Sie, daß wir alle unsere Boote und alles andere bereithalten, um die Geretteten aufzunehmen."

Dann gab ich folgende Anweisungen: Alle Rettungsboote vorbereiten und hinunterlassen. Alle Gangway-Türen öffnen. Aufgerollte Seile an jede Gangway hängen. Einen Stuhl – mit Seil – an jede Gangway, um Kranke oder Verletzte nach oben zu ziehen. Lotsentreppen, Strickleitern und Flaschenzüge an alle Gangways. Drehkräne auftakeln und Dampf für die Winden – um Post und andere Güter an Bord zu schaffen. Öl aus den Toilettenfenstern gießen, um die Wogen zu glätten. Leinentücher in die Nähe der Gangways, um Kinder oder Hilflose nach oben zu hieven. Ab drei Uhr morgens alle Viertelstunde Raketen abfeuern, um den Menschen an Bord der *Titanic* zu signalisieren, daß wir kamen. Gegen 2. 35 Uhr – etwa zwei Stunden nach dem ersten Notruf – kam der Arzt auf die Brücke und berichtete, daß alle Anweisungen ausgeführt worden seien und alles bereit sei. Noch während wir miteinander sprachen, sah ich ein grünes Licht aufleuchten.

„Da sind ihre Lichter", rief ich und zeigte in die Richtung. „Dann schwimmt sie noch!"

Das sah nach guten Neuigkeiten aus. Eine Stunde zuvor hatte der Marconi-Funker mir die Nachricht überbracht, daß der Maschinenraum der *Titanic* dabei war, vollzulaufen. Es hatte verhängnisvoll geklungen – es bestand kaum ein Zweifel, daß sie sank. Dieser Anblick des grünen Flackerns gab neue Hoffnung. Beinahe sofort berichtete der Zweite Offizier von dem ersten Eisberg. Er trieb backbord von uns und unsere Anspannung wuchs immer mehr. Eisberge tauchten auf und verschwanden wieder. Wir behielten das Tempo bei, änderten jedoch manchmal den Kurs, um ihnen auszuweichen. Die Anspannung war groß, denn das Schicksal der *Titanic* stand uns vor Augen. Es waren siebenhundert Menschen auf der *Carpathia;* ihr Leben und das der *Titanic*-Überlebenden hing von jeder Drehung des Steuers ab.

Sobald die Möglichkeit bestand, daß wir in Sichtweite waren, feuerten wir jede Viertelstunde Raketen ab, und als wir näher kamen, Römische Kerzen, um den Menschen mitzuteilen, daß die *Carpathia* kam. Dann und wann sahen wir ein grünes Licht; wir näherten uns der Stelle. Mittlerweile war die Hoffnung, die ihre grünen Signale uns zuerst gemacht hatten, erloschen. Von der *Titanic* selbst war nichts zu sehen. Inzwischen – es war gegen halb vier Uhr morgens – hatten wir die Stelle fast erreicht, und wenn das riesige Schiff sich noch über Wasser gehalten hätte, hätten wir es gesehen. Der Himmel war klar, die Sterne funkelten so hell, wie es nur bei frostiger Luft möglich ist, und die Sicht war so gut, wie sie es in einer mondlosen Nacht sein kann. Ich ließ die Maschinen auf „stand by" schalten, damit die Maschinisten jederzeit handeln konnten. Um vier Uhr hielt ich die Maschinen an, wir waren da. Dann sah ich ein grünes Licht vor uns – tief unten. Es mußte ein Boot sein, und als ich gerade plante, wie wir uns ihm nähern sollten, sah ich einen riesigen

Berg direkt vor uns. Der Zweite Offizier berichtete im gleichen Augenblick davon. Ich hatte vorgehabt, dem Boot von der Backbordseite näher zu kommen, der Lee-Seite, auch wenn der Wind und der Seegang nur mäßig waren. Doch der Eisberg durchkreuzte meinen Plan. Wir mußten äußerste Vorsicht walten lassen. Ich ließ das Schiff drehen, und so kamen die ersten Boote der *Titanic* auf unsere Steuerbord-Seite zu. Ich war demütig dankbar, daß das lange Rennen vorbei war, jede Minute war gefährlich gewesen, und dem Risiko konnte man nur mit scharfen Augen und schnellen Entscheidungen begegnen. Doch dazu kam der Schmerz, weil wir nun mit Sicherheit wußten, daß die *Titanic* gesunken war. Keine Spur von ihr – und in der Tiefe das erste Boot mit Überlebenden.

Ein Ruf schallte aus dem Boot nach oben. „Wir haben nur einen Seemann im Boot und können nichts tun!" Sie befanden sich in der Nähe unserer Gangway.

„Schon gut", sagte ich und brachte das Schiff längsseitig in Stellung zu dem Rettungsboot. Dann begannen sie, an Bord zu klettern. Anscheinend waren sie in größter Eile davongerudert, denn in dem Boot mit Platz für vierzig befanden sich nur fünfundzwanzig Menschen. Sie hatten einen Offizier dabei. Ich ließ ihn zu mir kommen, sobald er an Bord war, stellte ihm dann die herzzerreißende Frage und wußte schon mit schrecklicher Sicherheit, wie die Antwort lauten würde.

„Ist die *Titanic* gesunken?"

„Ja", sagte er. Das eine Wort bedeutete soviel, daß seine Stimme brach. „Sie ist gegen halb drei untergegangen."

Vor anderthalb Stunden! Ach, warum waren wir nicht in der

Nähe gewesen! Aber es war keine Zeit für nutzlose Klagen. Der Tag brach an, und was für ein Anblick bot sich uns! Überall Eisberge. Etwa eine Drittelmeile steuerbord von uns entfernt befand sich der, den wir vor ein paar Minuten gesehen hatten. Nicht einmal dreihundert Meter backbord von uns trieb ein kleiner Eisberg – ein abgebrochener Klumpen, drei bis viereinhalb Meter hoch und ungefähr sieben Meter lang. Eisberge, soweit das Auge reichte. Ich wies einen Junioroffizier an, auf das Steuerhaus-Deck zu gehen und sie zu zählen. Fünfundzwanzig waren über sechshundert, Dutzende zwischen hundertfünfzig und vierhundertfünfzig Meter hoch. Und mitten in dieser tragischen Pracht, beschienen von den ersten Sonnenstrahlen, trieben die Boote des gesunkenen Schiffes.

Die Geretteten empfanden bei aller Dankbarkeit die Schwere des Verlustes und die klirrende Kälte. Viele der Frauen hatten Stunden in den offenen Booten verbracht und trugen über ihren Nachthemden nur einen hastig übergestreiften Mantel – das verriet, wie überstürzt sie das Schiff verlassen hatten, und man konnte sich die endlose Angst vorstellen, bis die Boote zu Wasser gelassen wurden.

Langsam fuhren wir von einem Boot zum nächsten, und am Ende der Suche ahnte man das Ausmaß des Unglücks. Insgesamt nahmen wir 706 Personen auf, aber an Bord der *Titanic* hatten sich über 2000 Menschen – Mannschaft und Passagiere – befunden. Viele Hundert waren gestorben, die noch ein paar Stunden zuvor Teil einer fröhlichen, vornehmen Gesellschaft gewesen waren – auf halber Strecke auf der

Jungfernfahrt eines der größten Passagierschiffe der Welt! Wir hielten einen Gottesdienst im Speisesaal der ersten Klasse ab – im Gedenken an die Verstorbenen und zum Dank für die Geretteten. Bis auf die Boote neben dem Schiff und die Eisberge war die See sonderbar leer. Es trieben kaum Wrackteile im Wasser – nur ein oder zwei Stühle vom Deck und ein paar Schwimmwesten, nicht mehr Treibgut als das, was man oft am Strand sieht, wenn es von den Gezeiten angeschwemmt wird. Das Schiff war buchstäblich mit Mann und Maus untergegangen und hatte alles mitgerissen. Ich sah nur eine Leiche im Wasser; in der Eiseskälte konnte niemand lange überleben.

Wir konnten nicht lange bleiben, zumal sich um diese Zeit – gegen acht Uhr – ein anderes Schiff näherte. Es war die *Californian*. Sie hatte keine Funkanlage und hatte die ganze Nacht nur ein paar Meilen entfernt gelegen, beigedreht wegen des Eises. Wir gaben ihr ein Signal und forderten sie auf, die Suche fortzusetzen, während wir nach New York fahren würden. Das Wasser stieg, und mir lag viel daran, bei Tageslicht aus der Gefahrenzone herauszukommen. Wir holten soviele Boote der *Titanic* an Bord, wie wir konnten – einige blieben an unseren Bootskränen hängen, andere wurden emporgezogen – und fuhren weiter. Ich darf vielleicht erwähnen, daß ich, während wir die Boote an Bord schafften, von der Brücke hinunterschaute und meinen Freund Mr. Ogden sah. Er hatte am Tag zuvor einen neuen Fotoapparat ausprobiert. Also formte ich mit den Händen einen Trichter und rief hinunter: „Was ist mit der neuen Kamera?"

Er schaute mich an, hob die Hände, als wolle er sagen, daß er gar nicht daran gedacht hatte, und eilte davon. Ein paar Minuten später machte er Fotos von den herannahenden Booten. Das sind die einzigen authentischen Bilder von diesem Ereignis, und wahrscheinlich hatte noch kein Amateurfotograf so spannende Motive gehabt.

Es war ein wunderschöner Morgen, die Sonne schien, und das Meer und die Eisberge glitzerten. Überall schwammen Dutzende dieser Monster – so herrlich der Anblick, so gefährlich der Zusammenstoß! Einige Boote mit Überlebenden trieben neben uns her, manche Leute kletterten an Bord, andere wurden hochgezogen, alle trugen Schwimmwesten (und die schützten die Träger vor der gefährlichen Kälte), und dann kamen Boote von überall her und hatten ein gemeinsames Ziel – die *Carpathia*.

Eine Sache ist mir besonders in Erinnerung geblieben – die Ruhe. Kein Lärm, keine Eile. Als unsere Passagiere nach und nach an Deck erschienen, begriffen sie das Ausmaß der Tragödie nicht sofort. Doch als sie es erkannt hatten, verstanden sie, daß sie nicht nur Zuschauer sein durften, daß hier eine nie dagewesene Situation eingetreten war, in der sie eine Rolle spielen mußten. Sie fingen an, die Geretteten zu trösten, überredeten sie, Stärkungen zu sich zu nehmen, versuchten, den Kummer zu mildern, der sich ihrer bemächtigt hatte. Unsere Ärzte waren sicher erleichtert, daß unsere Passagiere so viel gesunden Menschenverstand zeigten.

Sie sahen, dass die Überlebenden trockene warme Kleidung brauchten, also brachten sie sie in ihre eigenen Kabinen und statteten sie mit allem aus, was sie hatten. Alle männlichen Passagiere traten ihre Kabinen ab, und viele der Damen teilten sich eine Kabine, damit die Unglücklichen untergebracht werden konnten. Natürlich verzichteten auch alle Offiziere auf ihre Kabinen.

In meiner Kabine befanden sich drei Damen, die Angehörige verloren hatten. Ihre Ehemänner, alle Millionäre, waren ums Leben gekommen, und eine Dame hatte auch noch einen Sohn verloren. Eine andere hatte ihren Sohn dagegen dabei – seine Rettung war dramatisch gewesen, wie soviele in jener Nacht. Dieser Junge war von seiner Mutter getrennt worden, hatte aber noch einen Platz in einem Faltboot gefunden. Die unterscheiden sich von gewöhnlichen Booten nur dadurch, daß sie einen flachen Boden haben und ihre Seiten aus Leinwand bestehen und zusammengeklappt werden können. Das Boot, in dem dieser Junge saß, war aus irgendeinem Grund gekentert und schwamm kieloben. Seine Lage war sogar noch gefährlicher, als es sich anhört, denn man konnte das Boot nicht steuern, es trieb ruderlos auf dem Wasser.

Von diesem Jungen bekam ich eine drastische Schilderung davon, wie die *Titanic* gesunken war, wie ein riesiger Fisch, das Vordeck tief im Wasser, das Heck hoch oben in der Luft, bis sie schließlich aus der Sichtweite verschwand. Das Faltboot war glücklicherweise nicht vom Sog des Schiffes mitgerissen worden, es schaukelte hilflos auf den Wellen, blieb jedoch über Wasser. Nach einer Weile näherte sich ein Boot vom Schiff, das den Jungen aufnahm. Und der erste Mensch, den er in dem Rettungsboot sah, war seine Mutter. Man kann sich die Freude bei dieser Begegnung vorstellen!

Ich hörte noch eine ähnliche Geschichte. Einige der ersten Boote, die den Ort des Unglücks verließen, waren nicht ganz voll gewesen, doch später waren sie überfüllt, und es kam zu herzzerreißenden Szenen, wenn überladene Boote arme Kerle trafen, die im eiskalten Wasser schwammen. Ich erinnere mich, daß einer sich an ein Boot klammerte. Es war noch vor Tagesanbruch. Niemand sah, wer es war, aber es erhoben sich viele Stimmen und protestierten dagegen, daß er ins Boot gezogen wurde.

„Wir sind voll, wir sind voll", riefen sie. „Lasst ihn nicht hinein!"

Eine Frau jedoch, die um ihren Mann trauerte, der mit dem Schiff untergegangen war, bat darum, den Schwimmer an Bord zu holen. Sie setzte sich durch, und der Schwimmer wurde gerettet. Dann versank sie wieder in die Lethargie, die eine große Tragödie mit sich bringt. Stunden vergingen. Schließlich fiel das Morgenlicht auf die ausgemergelten Gesichter derer, die sich schaudernd in dem Boot zusammenkauerten. Erst da sah die Frau das Gesicht des durchweichten Mannes, den sie vor dem Ertrinken bewahrt hatte.

Es war *ihr* Mann.

Es rührte das Herz, die Tapferkeit der Unglücklichen zu sehen, und man war ein wenig stolz, wenn man hörte, was die Überlebenden in den letzten Stunden auf dem sinkenden Schiff durchgemacht hatten. Geschichten über Mut und Selbstaufopferung, die Menschen aus jeder Klasse gezeigt hatten und die der Menschheit zur Ehre gereichen. In diesen

Stunden der Prüfung, im Angesicht des Todes, bewiesen Männer den gleichen Heldenmut, ob sie aus bescheidensten Verhältnissen kamen oder mit den Gütern der Welt gesegnet waren. Und wenn man die verzweifelten, manchmal auch völlig leeren Gesichter der Geretteten sah, fragte man sich, wer besser dran war – sie oder die Zurückgebliebenen? Und viele der Reichen und Berühmten bewiesen in jener Nacht, daß sie noch mehr besaßen, nämlich Selbstaufopferung und Selbstbeherrschung. Wir hörten Geschichten von Bekannten und Unbekannten. Eine ist mir besonders in Erinnerung geblieben. Sie handelt von einem jungen Mädchen.

Ein Boot mit Frauen besetztes Boot sollte vom Schiff herabgelassen werden. Es war zu voll und es wurde befohlen, daß jemand aussteigen mußte. Was für ein Augenblick! Doch es mußte sein, denn das überfüllte Boot gefährdete das Leben aller. Eine junge Dame – eigentlich noch ein Mädchen – stand auf und wollte das Boot verlassen. Einige der anderen protestierten und baten sie zu bleiben. „Nein", sagte sie, „ihr seid verheiratet und habt Familie, ich nicht – da ist es nicht so wichtig." Sie stieg aus dem Boot und begab sich wieder an Deck. Sie ging mit dem Schiff unter. Sie opferte ihr Leben, damit andere leben konnten. Ich kann die Schönheit dieser Tat nicht in Worte fassen. Doch in dieser Nacht ereignete sich so etwas mindestens hundertmal, als die Boote wegfuhren – bis keine mehr da waren und die Zurückgebliebenen wussten, daß keine Hoffnung mehr bestand.

In der Nacht und am Morgen geschah viel. Ich erzähle eine Geschichte, die zeigt, daß Wahrheit seltsamer sein kann als

Dichtung. Es wirft auch ein Licht auf die faszinierende Ruhe und Effektivität, mit der die Crew der *Carpathia* ihre Aufgaben erfüllte.

Wir waren am 2. April 1912 in New York in See gestochen. Die Fahrt verlief reibungslos, trotz der klirrenden Kälte, die allen auffiel. Am Sonntag – nach drei Tagen – waren wir in Reichweite für Funkkontakt mit der *Titanic*.

Beim Abendessen kam eine Nachricht von dem Schiff – eine private Nachricht. Sie kam von zwei jungen Damen, die an Bord gewesen waren, und ging an ihren Onkel und ihre Tante – Mr. und Mrs. Marshall –, die sich auf der *Carpathia* befanden. Nur ein fröhlicher Gruß und die Nachricht, wie schön die Fahrt war. In der gleichen Nacht ging das Schiff unter. Die Marshalls wußten nichts davon. Sie waren in ihre Kabine gegangen und hatten sich schlafen gelegt. Die Nacht war ruhig und die See still, sie verschliefen alles, was an Bord vor sich ging. Doch unter den ersten Überlebenden, die eine der Gangways heraufkamen, waren die beiden Nichten, die ein paar Stunden zuvor von der *Titanic* an die Marshalls telegrafiert hatten. Während letztere geschlafen hatten, hatten die beiden jungen Damen all die Schrecken der Nacht erlebt. Gegen halb sieben wachten die Marshalls auf. Ein Steward klopfte an ihre Tür und weckte sie.

„Was ist los?" fragte Mr. Marshall.

„Ihre Nichten möchten Sie sehen, Sir", erwiderte der Steward.

Kein Wunder, daß er fassungslos war. Er traute seinen Augen und Ohren nicht, als er die beiden Mädchen sah und ihre Geschichte hörte.

Wenn ich an jenen Morgen zurückdenke, muß ich wieder betonen, welche überwältigende Stille an Bord herrschte. Es gab absolut keine Aufregung. Im ersten Moment waren unsere Passagiere wie betäubt von der Schwere des Ereignisses, und die Geretteten kamen langsam zu sich. Danach waren alle zu beschäftigt, um viel nachzudenken. Die Damen wurden Krankenschwestern, brachten die Neuankömmlinge ins Bett oder dazu, sich an Deck hinzulegen, und taten, was sie konnten, um Leid zu mildern und zu trösten. Da viele Passagiere der zweiten und dritten Klasse, die an Bord kamen, nur dürftig bekleidet waren, wurden Laken und Decken umfunktioniert, und viele Damen fingen an, Kleider zu nähen. Andere gingen zu den Passagieren der dritten Klasse und kümmerten sich um die Kinder. Menschliche Güte zeigte sich auf vielfältige Art an diesem Morgen und in den Tagen, bis wir New York erreichten, und die ganze Zeit über herrschte Ruhe – das Unglück war so gewaltig, daß es alle zum Schweigen brachte. Es ist unglaublich, daß die schrecklichen Erlebnisse nicht wenigstens bei einigen Betroffenen zu hysterischen Anfällen führten, aber es war nicht der Fall.

Am Dienstagmorgen kam Dr. McGee[ii] zu mir und berichtete, daß es allen Überlebenden physisch gut ging. Wunderbar! Ich wußte, daß es der endlosen Fürsorge von ihm und der ganzen Besatzung zu verdanken war. Niemand ließ in seinen Bemühungen nach. Loyal und guter Laune taten alle Besatzungsmitglieder, Offiziere und andere, ihr Bestes. Ärzte, Stewards und sogar die kleinen Pagen dachten von dem Augenblick an, in dem ich meine ersten Anweisungen gab, nicht daran, sich auszuruhen, bis wir in New York waren und die Überlebenden abgesetzt hatten. Danach setzten wir unsere unterbrochene Reise in Richtung Mittelmeer fort.

Nur ein einziger Fall von Selbstsucht kam mir zu Ohren. Ein Ausländer, der an Bord gekommen war, legte sich in einem Raucherzimmer schlafen. Ohne an die anderen zu denken, hatte er sich mehrere Decken für seine eigene Bequemlichkeit beschafft. Die hüllten seine rundliche Gestalt ein, als andere Leute feststellten, daß sie keine Decken hatten. Er wurde aufgefordert, welche abzugeben, berief sich jedoch auf das alte Motto: „Was ich habe, behalte ich." Ein paar Männer hielten einen kleinen Kriegsrat. Doch der Krieg war bald zu Ende – und die Decken wurden herausgegeben.

Das erinnert mich an eine andere Geschichte, die nicht ganz so schlimm war – denn in jedem menschlichen Drama, so tragisch es auch sein mag, blitzt immer ein Funken Humor auf. Der Mann schilderte mir das Erlebnis hinterher selbst, und ich mußte über das Bild lachen, das ich vor meinem inneren Auge sah. Er hatte seine Kabine aufgegeben und hatte nun kein Bett. Er lief umher und suchte nach einer Nische, in der er sich zusammenrollen konnte, als er – o Wunder! – eine leere Matratze und ein paar Decken erspähte. Mit einem Seufzer der Erleichterung legte er sich hin, zog sich die Decke über den Kopf und schlief friedlich ein. Können Sie sich seine unangenehme Überraschung vorstellen, als er morgens aufwachte und feststellte, daß er nur von Frauen umgeben war? Er hatte sich in einem Teil des Schiffes niedergelassen, der für die geretteten Damen reserviert gewesen war, und die ganze

Nacht unbemerkt dort gelegen. Sein Rückzug war eher hastig als strategisch.

Nun, nachdem wir es der *Californian* überlassen hatten, die Suche fortzusetzen – obwohl keine Hoffnung bestand, dass jemand in dem eiskalten Meer überlebt hatte –, machten wir uns auf den Rückweg. Wir stellten bald fest, daß eine gewaltige Eisschicht uns den Weg versperrte. Es hatte noch nie soviel in diesen Breitengraden gegeben. Natürlich hatten wir die Schicht schon vorher gesehen, jedoch nicht geahnt, wie riesig und wie dick sie war. Wir sahen nur, daß sie bis zum Horizont reichte – ein überwältigender Anblick. Riesige Eisberge von bis zu sechshundert Metern Höhe erhoben sich auf der Schicht, die wiederum die Wasseroberfläche um zweihundert bis vierhundert Meter überragte. Die Berge erinnerten an Minarette, Kathedralen und Segelschiffe und die Morgensonne tauchte sie in Gold. Fast vier Stunden umschifften wir diese Eisschicht und legten dabei sechsundfünfzig Meilen zurück. Dann lag sie hinter uns, und wir konnten unseren Weg nach New York fortsetzen.

Ich sollte erwähnen, daß die *Olympic*, die New York am Samstag verlassen hatte und sich zur Zeit des Unglücks ein paar hundert Meilen westlich befand, uns telegrafierte und vorschlug, die Geretteten aufzunehmen. Aber ich war dagegen. Glücklicherweise war Mr. Ismay[iii], der Direktor der White Star Line, unter den Geretteten. Ich sagte ihm, daß es unklug wäre, die armen Leute, die gerade aus den Booten aufgenommen worden waren, auf ein anderes Schiff zu bringen. Er stimmte mir sofort zu und trug mir auf, der *Olympic* die Nachricht zu übermitteln, daß sie außer Sichtweite bleiben sollte.

Also fuhren wir weiter und kamen von Zeit zu Zeit immer noch an vereinzelten Eisbergen vorbei.

Ich erinnere mich, daß wir gegen Mittag dem russischen Dampfer *Burmah* begegneten, der in Richtung Osten unterwegs war und versuchte, die Eisschicht zu durchdringen. Doch er kehrte um, und ich mache der Besatzung keine Vorwürfe!

Wir konnten der *Olympic* die nüchternen Fakten des Unglücks mitteilen, und ich schickte die offizielle Nachricht auch an die Cunard Company – zusammen mit einer Namensliste der Überlebenden. Das war unsere erste Chance, die Nachricht ans Festland zu übermitteln. Wegen der kurzen Reichweite des damaligen Funks war es auch bis Mittwochnachmittag die letzte Gelegenheit, zu kommunizieren, und dann erfuhren wir, dass die Welt voller Spannung auf genaue Berichte und vor allem eine richtige, vollständige Namensliste der Geretteten wartete.

Als wir das Eis hinter uns hatten, trafen wir auf den anderen Erzfeind der Schiffe auf See – den Nebel. Er hüllte uns stundenlang ein und kam am Mittwoch zurück. So blieb es mehr oder weniger auf dem ganzen Weg nach New York. Das nervtötende Geräusch des Nebelhorns jede halbe Minute muß besonders belastend für die Überlebenden gewesen sein, und ich sorgte mich um ihren Geisteszustand. Wir hatten drei Leichen aus den Booten geholt, und ein Mann starb am Montagmorgen.

Alle vier wurden am Montagmorgen bestattet und ein protestantischer und ein katholischer Gottesdienst für sie abgehalten. Am Mittwochnachmittag verständigten wir uns mit der *USS Chester* – bei dichtem Nebel – und konnten mit ihrer Hilfe eine aktualisierte und korrigierte Namensliste der Überlebenden schicken.

Am Donnerstagnachmittag hörten wir das Nebelhorn des Feuerschiffs von Fire Island, und gegen sechs hielten wir vor dem Feuerschiff im Ambrose Channel. Jetzt begannen wir zu ahnen, mit welcher Spannung man uns erwartete.

Die Presseboote scharten sich buchstäblich um uns! Ich ließ keine Journalisten an Bord. Das Wohlergehen der Geretteten hatte oberste Priorität. Von Dutzenden eifrigen jungen Reportern, die auf reißerische Details erpicht waren, interviewt zu werden, wäre eine Qual für sie gewesen, bei der sie alles noch einmal durchlebt hätten. Natürlich machten die Zeitungsleute nur ihre Arbeit, und als ich ihnen sagte, daß sie nicht an Bord kommen dürften, war es amüsant zu sehen, welche Tricks einige von ihnen anwandten, um meine Anweisung zu umgehen. Die Presseboote waren mit riesigen Plakaten versehen, denen man entnehmen konnte, von welcher Zeitung sie kamen. Sie wollten unbedingt mich und die Passagiere interviewen, aber ich konnte nicht zustimmen. Zwei Journalisten versuchten es mit einem Trick – sie kamen im Lotsenboot.

Einer war ein Freund von mir, und es war nicht leicht, ihn einfach abzuweisen.

„Können diese Leute an Bord kommen?" rief er.

Ich formte einen Trichter mit den Händen und rief zurück: „Ich kann dich nicht hören."

„Sie wollen an Bord! Sie haben Freunde auf dem Schiff!"

„Ich höre dich nicht", brüllte ich, und wahrscheinlich wußten sie, daß ich mich taub stellte.

Doch als der Pilot die Leiter hinunterließ, rechnete ich damit, daß sie versuchen würden, an Bord zu kommen. Also ließ ich ein Seil an das Ende der Leiter binden und befahl zwei Jungen, es einzuholen, als der Lotse kam. Sie können sich vorstellen, was geschah. Sobald der Lotse einen Fuß von der ersten Sprosse auf die zweite gesetzt hatte, holten die Jungen das Seil ein und zogen dem Mann die Leiter buchstäblich unter den Füßen weg. Einer der beiden Männer im Boot machte einen Satz und versuchte, ihm zu folgen, doch die Leiter war nicht mehr da, und er fiel hintenüber.

Von allen Journalisten kam nur einer an Bord. Das war später. Er wagte einen Sprung, der ihn das Leben hätte kosten können, und landete an Deck. Es wurde mir berichtet, und ich ließ ihn auf die Brücke bringen. Ich erklärte meine Gründe, warum ich niemanden an Bord kommen ließ und warum die Passagiere nicht interviewt werden sollten.

Ich verbot ihm bei Strafe, die Brücke zu verlassen, und muß sagen, er war ein Gentleman. Nachdem wir angelegt hatten und die Passagiere das Schiff verlassen hatten, machte er eine gute Geschichte aus seiner „Heldentat". Er war der einzige, der an Bord gelangte, und erfuhr Anerkennung für seine Kühnheit.

Doch bevor wir in Sicherheit waren, gab es wieder einen heftigen Wetterumschwung – ein dramatisches Ende der tragischen Episode. Erst fing es an zu stürmen, dann goß es in Strömen, und zuletzt gab es ein Gewitter. Blitz und Donner begleiteten uns auf unserem Weg durch den Kanal.

Dieses Wetter hielt an, bis wir uns dem Cunard-Anlegeplatz näherten. Ich stand im strömenden Regen auf der Brücke, und mir wurde ein Päckchen Briefe und Telegramme gebracht. Ich konnte sie nicht gleich durchsehen und steckte sie in die Tasche. Später rannte ich während einer Windstille in meinen Kartenraum, griff in meine ziemlich volle Tasche und zog ein Papier heraus – nur eins. Es war von meiner Frau[iv]!

Zufrieden ging ich auf meine Brücke zurück. Der Anblick, der sich mir bot, war unvergeßlich – ein einziges Blitzlichtgewitter. Rund um das Schiff wimmelte es von Schleppschiffen und noch bevor wir anlegen konnten, mußten alle Boote der *Titanic* hinuntergelassen werden, weil sie sonst den Seilen zum Anlegen im Weg gewesen wären. In jedem dieser Boote saßen zwei gerettete Mitglieder der Besatzung der *Titanic*, und zu sehen, wie sie in die pechschwarze Nacht hinuntergelassen wurden, erinnerte daran, wie sie von ihrem eigenen prächtigen Schiff hinuntergelassen worden waren, das diesen Hafen nie erreicht hatte. Um neun Uhr abends verließen sie uns – diejenigen, die das schreckliche Unglück überlebt hatten – und ich war froh, zu sehen, wie sie an Land gingen. Natürlich wollte ich sie nicht persönlich loswerden, doch es war eine Erlösung, daß meine Verantwortung endete und sie in Sicherheit waren. Wir hatten alle unter größter Anspannung gestanden, und die Erleichterung war nun ebenso groß.

Die Arbeit war getan. Wir konnten wieder an unsere eigenen Angelegenheiten denken. Unser eigentliches Ziel war das Mittelmeer gewesen, wir hatten reichlich Passagiere. Ich ließ schnell unseren Bestand an Laken, Decken usw. auffüllen – das Material kam von einem Schwesterschiff – und noch am gleichen Donnerstagnachmittag – genau eine Woche, nachdem wir in See gestochen waren – verließen wir den Ankerplatz, ausgestattet mit Wasser und Kohle, und – setzten unsere Fahrt fort. Ein Passagier verließ uns, aber zwei neue kamen an Bord, wir waren also einer mehr. Es war eine ereignisreiche Woche gewesen – und bedeutsam für die Geschichte der Seefahrt, wie sich herausstellte. Eines der Ergebnisse war, daß das Board of Trade neue Regeln erließ, nach denen jedes Schiff auf See genug Rettungsboote für alle Passagiere und die Crew an Bord haben muß. Heute erscheint es unglaublich, daß dieses furchtbare Unglück nötig war, um eine solche Regel zu bewirken – und es ist ein unerträglicher Gedanke, daß *alle* Passagiere der *Titanic* hätten gerettet werden können, wenn genug Boote dagewesen wären, denn sie sank erst zweieinhalb Stunden, nachdem sie auf den Eisberg geprallt war. Heute gibt es – von Portsmouth bis zu den kleinen Fähren, die zur Isle of Wight fahren – Rettungsbootplätze und Schwimmwesten für alle Passagiere, die Platz auf dem Schiff haben. Und die Katastrophe hatte noch etwas Gutes zur Folge. Unterstützt von Großbritannien und Amerika, gibt es jetzt eine ständige Eispatrouille, die von März bis Juli oder August die Breitengrade überwacht, in denen gelegentlich Eis auftaucht, und allen Schiffen Bescheid gibt, wenn sich Eisberge zeigen, die ein ähnliches Unglück wie das der *Titanic* verursachen könnten. *Titanic!* Zu den bemerkenswerten Eigenschaften dieses kurzlebigen Schiffes gehörte zweifellos sein Name. Wenn man im Lexikon nachschlägt, steht dort: „Titanen. Ein Volk, das vergeblich versuchte, die Kraft der Natur zu überwinden." Welcher Name hätte unglücklicher und zugleich treffender sein können?

Das wäre ein passendes Ende der Geschichte gewesen. Aber die Nachwirkungen beschäftigten mich noch eine ganze Weile. Im Juli kehrte ich aus Neapel nach England zurück, um an der Untersuchung des Untergangs der *Titanic* mitzuwirken, die in London stattfand; danach hatte ich ein paar Wochen Urlaub. Im Dezember verließ ich die *Carpathia* und ließ die Berichte an Bord, die wir von den Geretteten bekommen hatten. Dann folgte eine Reihe von öffentlichen Auftritten. Am 2. März 1913 verlieh mir in Washington Präsident Taft[v] „mit dem Dank des Kongresses" die *Congressional Medal of Honour*.

Der britische Botschafter, Lord Bryce[vi], brachte uns ins Weiße Haus. Dort empfingen wir die Medaille, die höchste Auszeichnung, die die Regierung der Vereinigten Staaten verleihen kann. Danach kehrten wir in die britische Botschaft zurück, wo mir der Orden *American Cross of Honour* verliehen wurde. Meine Frau und ich verbrachten ein paar schöne Tage und fuhren dann nach Hause – auf der *Mauretania*, deren Kapitän ich so lange und in so ereignisreichen Zeiten sein würde. Und in dem Krieg, der uns bevorstand, fand die *Carpathia* ihr Ende. Sie wurde im Mai 1918 vor der Südküste von Irland versenkt. Es war ein trauriges Ende für ein wunderbares Schiff, aber ein passendes Ende für meine Geschichte. Sie hatte in Krieg und Frieden ihre Pflicht getan und ruht nun für immer auf einem Bett aus Sand.

Titelbild: Arthur Rostron und Margaret „Molly" Brown
(gemeinfreies Bild aus Wikipedia)
Verlag: BoD · Books on Demand GmbH, Überseering 33,
22297 Hamburg, bod@bod.de
Druck: Libri Plureos GmbH, Friedensallee 273, 22763
Hamburg
ISBN: 978-3-8192-9961-2

---

[i] Louis Mansfield (1867 – 1946) und Augusta Ogden (1872 – 1959) (Anm. d. Ü.).

[ii] Francis Edward „Frank" McGee (1873 – 1933), Schiffsarzt auf der *Carpathia* (Anm. d. Ü.).

[iii] Joseph Bruce Ismay (1862 – 1937), britischer Geschäftsmann und Direktor der White Star Line (Anm. d. Ü.).

[iv] Ethel Minnie Rostron, geb. Stothert (1874 – 1943) (Anm. d. Ü.).

[v] William Howard Taft (1857 – 1930), 1909 – 1913 der 27. Präsident der USA (Anm. d. Ü.).

[vi] James Bryce, 1. Viscount Bryce (1838 – 1922), britischer Politiker, Jurist und Historiker, 1907 – 1913 britischer Botschafter in den USA (Anm. d. Ü.).